T0068628

# Peldaños

## MONTAÑAS GREAT SMOKY

### *Parque nacional*

GÉNERO  Artículo de Estudios Sociales

Lee para descubrir cómo se creó el parque nacional Montañas Great Smoky.

# Montañas Great Smoky
## Parque nacional

*por Carol Dickinson*

Las Montañas Great Smoky, que se formaron hace 200 a 300 millones de años, están entre las montañas más antiguas del mundo. En ese entonces, medían 30,000 pies de altura o más. Esa es la altura a la que vuela la mayoría de los aviones. Pero durante millones de años, las montañas se **erosionaron**, o desgastaron. Siguen siendo montañas impresionantes: al menos 13 picos tienen una altura mayor a 5,000 pies.

Personas de todo el mundo vienen a disfrutar de la belleza natural del parque nacional Montañas Great Smoky en el límite de Carolina del Norte y Tennessee. Vienen a ver los cerros elevados, los arroyos y los ríos que corren de prisa, y la abundante fauna. Acampan bajo árboles que tienen más de 100 años de edad. Caminan por el escénico sendero de las Apalaches, que pasa a través del parque en su camino de Georgia a Maine.

## siglo XVIII

Los europeos comienzan a establecerse cerca de las Montañas Smoky. Comparten la tierra con los cheroquíes, que han vivido aquí por cientos de años.

## 1786

Davy Crockett nace a los pies de las Smokies cerca de Limestone, Tennessee. Crockett se convierte en héroe estadounidense.

## 1818

John Oliver establece a su familia en Cades Cove, que en la actualidad es parte del parque. Lo siguen más colonos europeos. Fundan una pequeña comunidad en este valle montañoso.

# Conoce el parque

El parque nacional Montañas Great Smoky es uno de los parques nacionales más grandes al este de las montañas Rocosas. Las montañas se llaman "*smoky*" (humeantes) debido a la bruma azul que suele verse alrededor de sus picos. De hecho, se suele llamar a las Montañas Great Smoky simplemente "las Smokies".

El parque se estableció en 1934 para proteger los hábitats montañosos de las personas que querían talar árboles y construir ciudades. Un **hábitat** es un lugar donde los animales viven naturalmente. Las Smokies brindan hábitats seguros a muchos animales en bosques y prados montañosos.

Los picos más altos del parque promedian 85 pulgadas de lluvia cada año. Estas lluvias torrenciales aportan agua a millas y millas de arroyos y ríos. Los arroyos, los bosques y los prados crean un **ecosistema** donde las plantas y los animales viven de manera muy parecida a antes de que las personas vinieran a las Smokies y comenzaran a talar árboles, cazar en busca de alimento y sembrar cultivos.

Entre la fauna del ecosistema del parque hay más de 1,500 osos negros americanos. Desde que se estableció el parque, los alces y las nutrias han regresado aquí a vivir en sus hábitats naturales. Se los había expulsado del área cuando llegaron los colonos. El parque también es el hogar de muchos otros animales, como el ciervo, los pavos salvajes y cientos de tipos de salamandras. Como puedes ver, el parque tiene un rico ecosistema que tanto los animales como las personas pueden disfrutar.

## Siglo XX

Durante el comienzo del siglo XX, la tala se convierte en una industria importante en las Smokies. Se talan muchos bosques montañosos.

### 1934

El presidente Franklin D. Roosevelt firma un decreto que establece oficialmente el parque nacional Montañas Great Smoky.

### 2001

El parque reintroduce al alce americano a las Montañas Smoky. Los colonos y los cazadores los habían expulsado a mediados del siglo XIX.

¿Ves esas cornamentas? A los alces machos se les caen y les vuelven a crecer nuevas cornamentas cada año.

# ¡Haz una caminata!

Más personas visitan el parque nacional Montañas Great Smoky cada año que cualquier otro parque nacional de los Estados Unidos. Eso produce caminos atestados en verano y otoño, las estaciones concurridas. Los visitantes inteligentes estacionan su carro y prueban diferentes formas de turismo. Montan en bicicleta en los caminos del parque o montan a caballo para un recorrido guiado. Pero en cada estación, los excursionistas ven lo mejor de las Smokies mientras caminan a través del parque a pie.

Los excursionistas que quieren apreciar una vista aérea del parque suben caminando a Cima Rocosa, uno de los tres picos de la montaña Thunderhead. Cima Rocosa le hace honor a su nombre, es rocosa. Allí no crecen árboles o arbustos, por lo tanto, los excursionistas que llegan a este pico pueden ver una extensión de cerro tras cerro ante ellos. Debajo de Cima Rocosa, las montañas están cubiertas con bosques. Desde aquí arriba, puedes ver lo importantes que son los hábitats forestales para estas montañas y la fauna que vive aquí.

Debido a toda la lluvia y las pendientes empinadas, las Smokies son famosas por sus arroyos y cascadas. Muchos senderos siguen un arroyo hasta una cascada. Una de las cascadas más famosas del parque también es la más alta. Las cascadas Ramsey caen 100 pies por una pendiente rocosa a un pozo lleno de seres vivos, incluidas unas salamandras resbalosas. Estas pequeñas criaturas son expertas del camuflaje. Su color es tan parecido a las rocas del pozo, que debes observar con atención para verlas. El parque protege su hábitat y los hábitats de todas las criaturas que están dentro de sus límites. ¿Quieres ver más de ellas? ¡Haz una caminata!

Los excursionistas de las Smokies pueden hacer caminatas cortas junto a arroyos o enfrentar senderos montañosos desafiantes que cubren muchas millas.

**Compruébalo** ¿Por qué se estableció el parque nacional Montañas Great Smoky?

# Un paseo por la fauna de las
# Smokies

*por Sue Miller*

Hola, amantes de los animales. ¡Bienvenidos al parque nacional Montañas Great Smoky! Nuestro paseo por la fauna comienza en Cades Cove, un valle amplio, o un área baja rodeada de montañas. Desde allí, daremos un rápido salto al área de Tremont para explorar unas cascadas. Luego, nos dirigiremos al punto más alto del parque, Clingmans Dome. Terminaremos nuestro paseo en el valle Catalloochee. En el camino, veremos la asombrosa fauna en su medio ambiente natural, en hábitats preservados por el parque nacional. No olvides tus binoculares. No querrás perderte nada.

< Un ciervo en alerta en un prado en Cades Cove.

# Cades Cove

Gracias por levantarte tan temprano para nuestro paseo por Cades Cove. No hay mejor momento para ver la fauna aquí que al amanecer o al atardecer, porque es ahí cuando los animales están más activos.

Nuestra primera parada es el prado que está junto a la cabaña del pionero John Oliver. Un prado es un área de pastizales que puede existir de manera natural en bosques, pero también se puede talar árboles para hacer un prado. Oliver construyó su casa a comienzos del siglo XIX con árboles que taló.

Observa cómo el ciervo de cola blanca en el prado nos vigila mientras disfruta su comida de flores silvestres y hierba. ¿Ves sus cuernos cubiertos con terciopelo? Hacia el fin del verano, serán mucho más grandes y el terciopelo ya no estará.

Los ciervos de cola blanca no son los únicos animales salvajes aquí. La combinación de prado y bosque en Cades Cove hace que el área sea un hábitat ideal tanto para los zorros grises como rojos. Pueden cazar para alimentarse en los prados abiertos, y los árboles les ofrecen un buen lugar para esconderse de los animales que los cazan.

Las nutrias de río antiguamente abundaban en los arroyos de Cades Cove. De hecho, el nombre cheroquí de esta área era "Lugar de las Nutrias". Con los años, se cazó a las nutrias por su bello pelaje, lo que hizo que desaparecieran de Cades Cove. En la década de 1980, el parque atrajo de nuevo a las nutrias, y en la actualidad salpican y juegan aquí una vez más en el cercano arroyo Abrams.

# Tremont

Si te gustan las salamandras y las ranas, te encantará nuestra próxima parada. Tremont es uno de los mejores lugares del parque para explorar los arroyos de montaña. Podemos buscar ranas y salamandras en arroyos, junto a cascadas, debajo de rocas cubiertas por musgo y senderos forestales.

¿Sabías que el parque nacional Montañas Great Smoky es la "Capital mundial de la salamandra"? Sorprendentemente, cinco de los ocho tipos básicos de salamandras viven en el parque. Aunque las salamandras parecen lagartijas con piel suave y húmeda, en realidad están emparentadas con las ranas. Podemos ver cómo una gorda salamandra americana gigante caza cangrejos de río en un arroyo de corriente fuerte. O quizá veamos una de las muchas salamandras de tierra que se esconden en hojas o debajo de un tronco.

Mantente alerta para ver ranas junto al borde de los arroyos. Observa, ¡allí hay una rana gris de río que se asoma por esa planta! Veamos si podemos encontrar una rana toro grande o unas ranas del bosque.

El Middle Prong de Little River es uno de varios lugares del parque donde los científicos estudian a las salamandras y las ranas. Algunos de los científicos son estudiantes como tú. El Instituto de las Montañas Great Smoky en Tremont tiene un programa que les da a los estudiantes la oportunidad de hacer investigaciones científicas.

> Los oseznos del oso negro
> son muy bonitos, pero
> nunca debes acercarte
> a uno. Su madre siempre
> está cerca, y protegerá a
> sus crías.

# Clingmans Dome

Nuestra siguiente parada es Clingmans Dome, el pico más alto del parque. Con 6,643 pies, el punto más alto, o **cumbre**, puede ser de 10 a 20 grados más fresco que las tierras bajas. Los árboles de la cima en Clingmans Dome son coníferas, o árboles como los pinos, con piñas y hojas que parecen agujas. Como hace frío y es húmedo y muy lluvioso, este bosque se llama **bosque húmedo de coníferas**.

Dejemos el carro en el estacionamiento y recorramos el resto del camino hasta la cumbre a pie. En un día despejado como hoy, puedes ver 100 millas en todas las direcciones desde la torre de observación. Mantén una vigilancia aguda. El bosque húmedo de coníferas es un buen hábitat para los osos negros, que a veces vagan por el sendero. Si ves uno, no te le acerques, ya que los osos son peligrosos, particularmente las madres oso con sus oseznos.

De hecho, el oso negro es el símbolo de las Smokies. Hay unos 1,500 en el parque, que viven con una dieta de bayas, flores, nueces, raíces, pequeños mamíferos y aves. En invierno, los osos entran en sueño profundo, pero al contrario de los animales del parque más pequeños, como las ardillas y los ratones, en realidad no **hibernan**. Los osos negros se despiertan rápidamente si los molesta algo o si alguien intenta entrar en su guarida.

# Valle de Cataloochee

El valle de Cataloochee es nuestra próxima parada. Mira a tu alrededor. Nos rodean picos altos de hasta 6,000 pies. Como los prados de Cades Cove, las áreas abiertas de este valle son lugares magníficos para ver la fauna.

Más tarde en el día, muchos animales salen. Es probable que veamos a varios ciervos de cola blanca, pavos salvajes y diversos animales del parque más pequeños. Pero lo que realmente esperamos ver es el bello alce de Cataloochee.

Los alces, que antiguamente eran muy comunes aquí, fueron víctimas de la caza excesiva y se los expulsó del área antes de que se estableciera el parque. La buena noticia es que el parque lanzó un programa para traer de vuelta al alce en 2001. Los administradores del parque liberaron 25 alces en el valle de Cataloochee ese año y otros 27 alces en 2002. La manada ha crecido lentamente hasta 100 alces.

Los alces son animales grandes y poderosos. Un macho promedio pesa entre 600 y 700 libras y tiene cuernos que pueden medir cinco pies. Observa el alce toro en el prado. Está haciendo el toque de clarín que usa para atraer a una hembra y espantar a otros machos. Usará sus enormes cuernos para desafiar a otros alces toro.

El valle de Cataloochee es la última parada de nuestro paseo por la fauna. ¿Llevaste un registro de todos los animales que viste? ¿Cuál fue tu favorito?

En el parque, el alce de Cataloochee solo puede encontrarse en el valle Cataloochee.

**Compruébalo** ¿Qué fauna encontrarás en el parque nacional Montañas Great Smoky?

# EL JOVEN DAVY CROCKETT

### POR ELIZABETH MASSIE
### ILUSTRACIONES DE DAVID HARRINGTON

Davy Crockett nació y creció en la ladera de las Montañas Great Smoky que da a Tennessee. Se convirtió en un héroe popular, sus acciones y palabras se convirtieron en parte de nuestra cultura a través de canciones y cuentos. A veces, los hechos de su vida se exageraron para hacer que parecieran más emocionantes. ¡Pero su vida fue realmente una aventura!

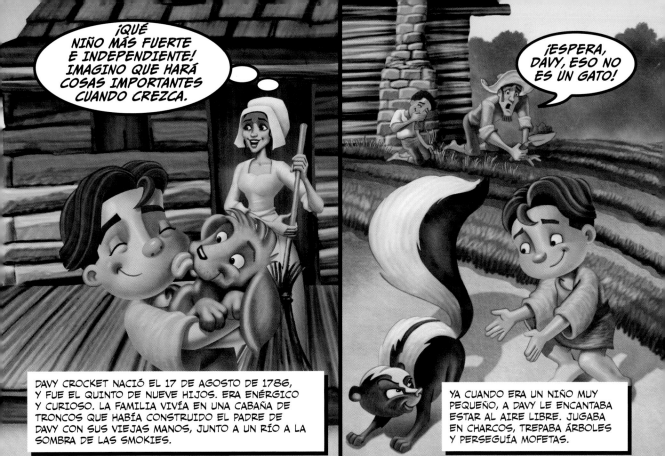

DAVY CROCKET NACIÓ EL 17 DE AGOSTO DE 1786, Y FUE EL QUINTO DE NUEVE HIJOS. ERA ENÉRGICO Y CURIOSO. LA FAMILIA VIVÍA EN UNA CABAÑA DE TRONCOS QUE HABÍA CONSTRUIDO EL PADRE DE DAVY CON SUS VIEJAS MANOS, JUNTO A UN RÍO A LA SOMBRA DE LAS SMOKIES.

YA CUANDO ERA UN NIÑO MUY PEQUEÑO, A DAVY LE ENCANTABA ESTAR AL AIRE LIBRE. JUGABA EN CHARCOS, TREPABA ÁRBOLES Y PERSEGUÍA MOFETAS.

¡EN LA CASA NO!

...CRUZABA EL ARROYO, RECOGÍA BAYAS Y ATRAPABA CRIATURAS QUE PERTENECÍAN MÁS AL EXTERIOR QUE AL INTERIOR DE LA CASA.

LA FAMILIA DE DAVY ERA POBRE. VIVÍAN TAN EN EL INTERIOR DEL BOSQUE, QUE NO HABÍA ESCUELA CERCA. LOS NIÑOS APRENDÍAN A LEER, ESCRIBIR Y A SACAR CUENTAS EN CASA.

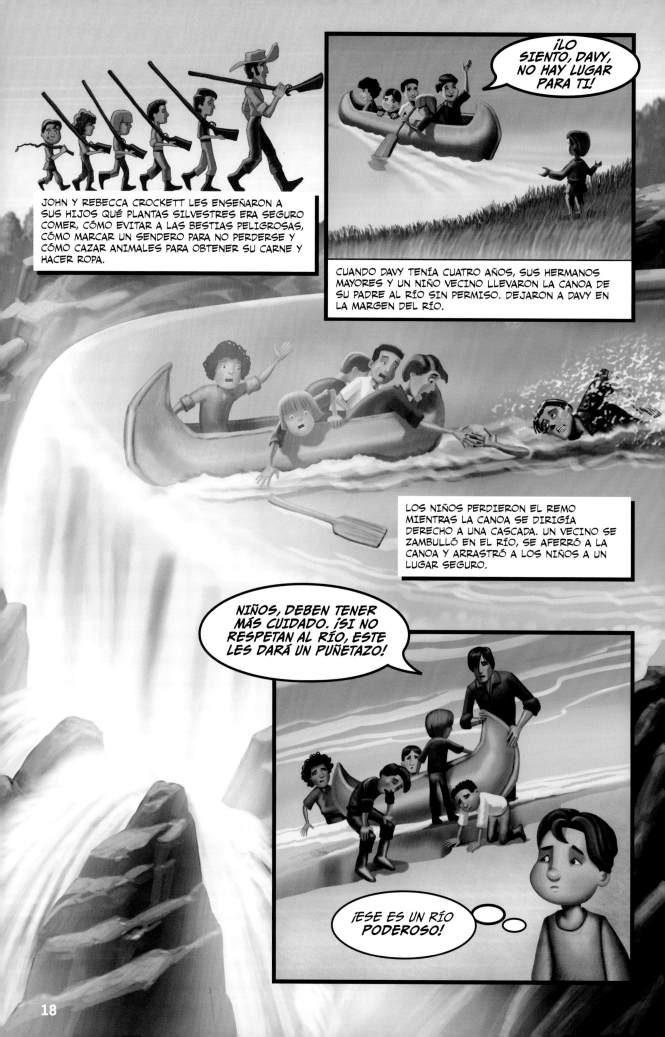

JOHN Y REBECCA CROCKETT LES ENSEÑARON A SUS HIJOS QUÉ PLANTAS SILVESTRES ERA SEGURO COMER, CÓMO EVITAR A LAS BESTIAS PELIGROSAS, CÓMO MARCAR UN SENDERO PARA NO PERDERSE Y CÓMO CAZAR ANIMALES PARA OBTENER SU CARNE Y HACER ROPA.

¡LO SIENTO, DAVY, NO HAY LUGAR PARA TI!

CUANDO DAVY TENÍA CUATRO AÑOS, SUS HERMANOS MAYORES Y UN NIÑO VECINO LLEVARON LA CANOA DE SU PADRE AL RÍO SIN PERMISO. DEJARON A DAVY EN LA MARGEN DEL RÍO.

LOS NIÑOS PERDIERON EL REMO MIENTRAS LA CANOA SE DIRIGÍA DERECHO A UNA CASCADA. UN VECINO SE ZAMBULLÓ EN EL RÍO, SE AFERRÓ A LA CANOA Y ARRASTRÓ A LOS NIÑOS A UN LUGAR SEGURO.

NIÑOS, DEBEN TENER MÁS CUIDADO. ¡SI NO RESPETAN AL RÍO, ESTE LES DARÁ UN PUÑETAZO!

¡ESE ES UN RÍO PODEROSO!

PODEMOS AYUDARLOS.

A MEDIDA QUE DAVY SE HACÍA MÁS ALTO Y FUERTE, CARGABA AGUA, SEMBRABA CULTIVOS, DESMALEZABA LOS HUERTOS Y AYUDABA A RECOGER VEGETALES.

DAVY APRENDIÓ SOBRE LAS MEDICINAS NATURALES PARA LAS ENFERMEDADES Y LAS LESIONES. MUCHAS DE ESTAS MEDICINAS PROVENÍAN DE LOS CHEROQUÍES, QUE VIVÍAN EN LAS SMOKIES Y CERCA DE ELLAS.

EN 1794, LOS CROCKETT SE MUDARON AL CONDADO GREENE, EN TENNESSEE. JOHN CROCKETT DECIDIÓ CONSTRUIR UN MOLINO PARA PODER GANARSE LA VIDA MOLIENDO LOS GRANOS DE LOS GRANJEROS Y HACIENDO HARINA.

SIN DUDAS, LA NATURALEZA NOS JUGÓ UNA MALA PASADA ESTA VEZ. TENGO QUE APRENDER MUCHAS COSAS SI ESPERO SOBREVIVIR EN LA NATURALEZA.

SIN EMBARGO, ANTES DE QUE EL MOLINO ESTUVIERA TERMINADO, UNA INUNDACIÓN SE LO LLEVÓ JUNTO CON LA CABAÑA NUEVA DE LA FAMILIA. ESTO HIZO QUE DAVY RESPETARA EL PODER DE LA NATURALEZA AÚN MÁS.

QUE TENGA UN VIAJE SEGURO.

LOS CROCKETT SE MUDARON AL NORTE Y CONSTRUYERON UNA CABAÑA NUEVA CERCA DEL "GRAN CAMINO", QUE SE EXTENDÍA DESDE VIRGINIA HASTA TENNESSEE. PARTE DE LA CABAÑA ERA UNA POSADA PARA LOS VIAJEROS DEL GRAN CAMINO.

DAVY SE CONVIRTIÓ EN UNO DE LOS MEJORES CAZADORES DE LA REGIÓN. SUMINISTRABA CARNE A LOS HUÉSPEDES DE LA POSADA Y A SU FAMILIA. AUNQUE TODAVÍA ERA NIÑO, IMPRESIONABA A LOS CAZADORES ADULTOS CON SUS AGUDOS SENTIDOS DE LA VISTA, EL OLFATO Y EL OÍDO.

¡ADIÓS, DAVY!

EL INVIERNO QUE DAVY CUMPLIÓ 12, JOHN CROCKETT LE OFRECIÓ A JACOB SILER, QUE NECESITABA AYUDA PARA ARREAR SU GANADO A TRAVÉS DEL GRAN CAMINO DESDE TENNESSEE HASTA VIRGINIA, QUE CONTRATARA A SU HIJO. DAVY ESTUVO DE ACUERDO CON IR PARA AYUDAR A SU FAMILIA.

DAVY Y EL SR. SILER CUBRIERON LAS 200 MILLAS HASTA LA CASA DE SILER EN DOS SEMANAS, A TRAVÉS DE VIENTOS Y VENTISCAS HELADAS. DAVY PERMANECIÓ CON LOS SILER UN TIEMPO Y LUEGO SE DIRIGIÓ A CASA.

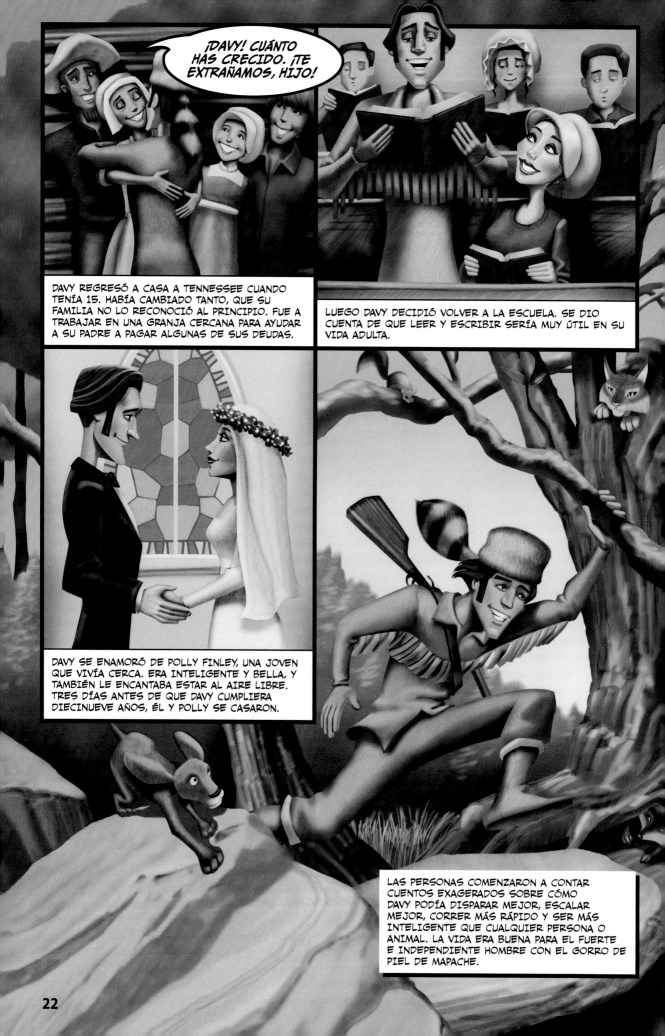

¡DAVY! CUÁNTO HAS CRECIDO. ¡TE EXTRAÑAMOS, HIJO!

DAVY REGRESÓ A CASA A TENNESSEE CUANDO TENÍA 15. HABÍA CAMBIADO TANTO, QUE SU FAMILIA NO LO RECONOCIÓ AL PRINCIPIO. FUE A TRABAJAR EN UNA GRANJA CERCANA PARA AYUDAR A SU PADRE A PAGAR ALGUNAS DE SUS DEUDAS.

LUEGO DAVY DECIDIÓ VOLVER A LA ESCUELA. SE DIO CUENTA DE QUE LEER Y ESCRIBIR SERÍA MUY ÚTIL EN SU VIDA ADULTA.

DAVY SE ENAMORÓ DE POLLY FINLEY, UNA JOVEN QUE VIVÍA CERCA. ERA INTELIGENTE Y BELLA, Y TAMBIÉN LE ENCANTABA ESTAR AL AIRE LIBRE. TRES DÍAS ANTES DE QUE DAVY CUMPLIERA DIECINUEVE AÑOS, ÉL Y POLLY SE CASARON.

LAS PERSONAS COMENZARON A CONTAR CUENTOS EXAGERADOS SOBRE CÓMO DAVY PODÍA DISPARAR MEJOR, ESCALAR MEJOR, CORRER MÁS RÁPIDO Y SER MÁS INTELIGENTE QUE CUALQUIER PERSONA O ANIMAL. LA VIDA ERA BUENA PARA EL FUERTE E INDEPENDIENTE HOMBRE CON EL GORRO DE PIEL DE MAPACHE.

MUCHAS PERSONAS SE ESTÁN MUDANDO A LAS SMOKIES. BUENO PUES, ¡ESTÁN SACANDO COSAS SALVAJES DE LA NATURALEZA!

LUEGO DAVY COMENZÓ A INQUIETARSE EN SU HOGAR EN LAS MONTAÑAS SMOKY. EN 1811, DAVY SE MUDÓ CON SU FAMILIA MÁS HACIA EL OESTE EN TENNESSEE.

LA FAMA DE DAVY CROCKETT SIGUIÓ CRECIENDO. NO SOLO SE CONVIRTIÓ EN UN GRAN **HOMBRE DE FRONTERA**, UNA PERSONA QUE TRABAJA EN LAS FRONTERAS DE UN ÁREA COLONIZADA, PERO TAMBIÉN PRESTÓ SERVICIO EN EL EJÉRCITO DE LOS EE. UU. Y EL CONGRESO DE LOS EE. UU. MURIÓ COMO HÉROE EN TEXAS, EN LA BATALLA DE "EL ÁLAMO". SE HAN CONTADO CUENTOS EXAGERADOS SOBRE SU VIDA, COMO SE HACE CON MUCHOS HÉROES POPULARES. PERO HASTA EL DÍA DE HOY, DAVY CROCKETT SIGUE SIENDO UN HÉROE POPULAR ESTADOUNIDENSE FAVORITO CUYA VERDADERA VIDA Y AVENTURAS SON TAN EMOCIONANTES COMO LOS CUENTOS Y LAS CANCIONES EXAGERADAS SOBRE ÉL.

**Compruébalo** ¿Qué cualidades tenía Davy de niño que lo ayudaron a convertirse en un héroe popular cuando creció?

Lee para descubrir sobre las cuevas que yacen bajo las montañas Smoky.

# EXPLOREMOS UNA CUEVA

*por Catherine Kensington*

¿Sabías que hay un mundo de maravillas debajo de las montañas Great Smoky? Durante millones de años, el agua ha tallado laberintos de pasadizos subterráneos debajo de las montañas del sudeste de los Estados Unidos. Las personas que exploran las cuevas se llaman espeleólogos. La espeleología puede ser una buena aventura, pero también puede ser peligrosa. Los espeleólogos deben asegurarse de que tienen el equipo, los conocimientos y la destreza para explorar de manera segura.

Este espeleólogo explora la cueva Indianápolis, una cueva extrema en el entorno rural de Tennessee. También hay cuevas en el parque nacional Montañas Great Smoky, y los espeleólogos antiguamente podían explorarlas. En la actualidad, los murciélagos que viven en estas cuevas están muriendo por una enfermedad de los murciélagos llamada síndrome de la nariz blanca. El parque ha cerrado todas sus cuevas hasta que la enfermedad deje de lastimar a los murciélagos.

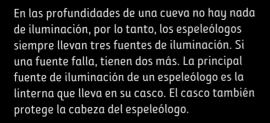

En las profundidades de una cueva no hay nada de iluminación, por lo tanto, los espeleólogos siempre llevan tres fuentes de iluminación. Si una fuente falla, tienen dos más. La principal fuente de iluminación de un espeleólogo es la linterna que lleva en su casco. El casco también protege la cabeza del espeleólogo.

# REGLAS PARA
# LA
# ESPELEOLOGÍA
# SEGURA

⚠ Nunca hagas espeleología solo. Explora con al menos otros tres espeleólogos.

⚠ Siempre informa a alguien adónde vas y cuándo regresarás.

⚠ Siempre lleva tres fuentes de iluminación. Si todas tus fuentes de iluminación fallan, siéntate y permanece donde estás hasta que vengan a ayudarte.

⚠ Es obligatorio llevar ropa abrigada, casco con linterna, zapatos resistentes, guantes y rodilleras.

⚠ Lleva alimento, agua y un botiquín de primeros auxilios.

⚠ Todo lo que llevas a la cueva, debe salir de ella contigo.

⚠ No rompas ninguna parte de la cueva o escribas en las paredes de la cueva.

⚠ Conoce tus límites. No te canses demasiado para que puedas hacer el viaje de salida de la cueva.

Para encontrar una nueva cueva, los espeleólogos examinan las aberturas en la roca y buscan **dolinas,** áreas donde las rocas sobre una cueva han colapsado dentro de la misma cueva. Si pueden encontrar una entrada a través de una dolina, quizá deban descender hacia la cueva a través de un pozo profundo, usando cuerdas. Esto se llama espeleología vertical.

# ¿CÓMO SE FORMA UNA CUEVA?

Parece imposible que las gotas de lluvia (muchos millones de billones durante cientos de miles de años) ayudaron a construir estas **formaciones** de cavidades, o minerales depositados dentro de una cueva. Así es como sucedió. El agua de lluvia en realidad labró la cueva en la roca. La roca debajo de estas montañas puede disolverse, o desgastarse, por la acción de un ácido suave que se encuentra en el agua de lluvia. Esto forma la cámara de una cueva. Cuando el agua rezuma dentro de la cueva, lleva minerales del suelo y la roca que está arriba y los deposita en las paredes, el techo y el piso de la cueva. Los minerales se acumulan con el tiempo y se convierten en formaciones de cuevas. Puedes ver algunas aquí.

**ESTALAGMITA** Si el agua que gotea deposita sus minerales en el piso de la cueva, con el tiempo se formará una estalagmita. Las gotas salpican y se esparcen cuando golpean el piso de la cueva, por lo tanto las estalagmitas generalmente son más anchas y redondas que las estalactitas, que son más delgadas y puntiagudas.

**ROCA PERMEABLE** Esta formación, que parece la cobertura de un pastel que gotea lentamente, se llama roca permeable. La roca permeable se forma de la misma manera que una estalactita o una estalagmita: el agua fluye sobre las paredes y las formaciones y libera sus minerales en su camino.

COLUMNA Cuando una estalactita y una estalagmita crecen al mismo tiempo, se forma una columna. Una vez que se forma una columna, el agua que fluye sobre ella puede depositar roca permeable sobre ella. Por eso algunas columnas pueden llegar a tamaños colosales.

ESTALACTITA Las formaciones rocosas que cuelgan del techo de la cueva son **estalactitas**. El agua que gotea en la cueva deposita minerales en el techo de la cueva. Durante muchos miles de años, estos minerales se acumulan para formar una estalactita.

# CÓMO SE FORMA UNA CUEVA

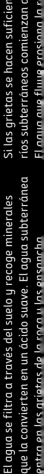

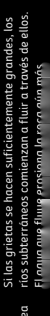

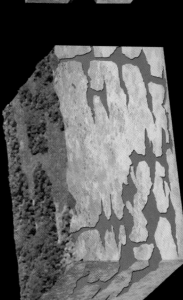

El agua se filtra a través del suelo y recoge minerales que la convierten en un ácido suave. El agua subterránea entra en las grietas de la roca y las ensancha.

Si las grietas se hacen suficientemente grandes, los ríos subterráneos comienzan a fluir a través de ellos. El agua que fluye presiona la roca aún más.

Si hay aire en la cueva, las gotitas de agua depositan minerales en el techo y el piso. Con el tiempo, estos depósitos se hacen más grandes y producen

# ABIERTO AL PÚBLICO

No es necesario que seas espeleólogo para visitar una cueva. Hay muchas cuevas en las montañas del sudeste de los Estados Unidos que están abiertas al público. Incluso había una cueva pública en Cades Cove antes de que se estableciera el parque nacional Montañas Great Smoky. En una cueva pública, se han agregado senderos, iluminación eléctrica, escalones y pasamanos para hacer que sea fácil visitar la cueva. Estas cuevas son frescas y húmedas todo el año, por lo tanto, ponte un suéter o una chaqueta. Si la cueva todavía sigue cambiando y creciendo, ¡quizá incluso te caigan gotas! Sin embargo, nunca toques una formación que crece, ya que el aceite de tus manos evitará que el agua deposite minerales en ella. Eso detendrá su crecimiento por siempre.

**CAVERNAS SHENANDOAH** Las cavernas Shenandoah son una de las muchas cuevas públicas en Virginia, al noreste de las Smokies. Esta cueva se descubrió cuando unos trabajadores la abrieron con cargas explosivas mientras construían un ferrocarril. ¿Estas formaciones no parecen tocino? Sin embargo, no intentes comértelas. Son roca sólida.

**CASCADAS RUBÍ** Esta cinta de agua que cae mide más de 1,000 pies bajo la superficie de la montaña Lookout, cerca de Chattanooga, Tennessee. Hace mucho, el agua fluía hacia dentro por una dolina y erosionaba el pozo de lados empinados donde ahora está la cascada.

**CAVERNAS LURAY** Las cavernas Luray son otra cueva pública en Virginia. ¡Tiene un órgano de estalactubos! Un científico usó formaciones de cuevas para construir este extraño instrumento musical en la década de 1950. Las llaves del órgano están adheridas a mazos blandos que golpean las formaciones para producir las notas.

**CAVERNAS TUCKALEECHEE** Las cavernas Tuckaleechee están en Tennessee, muy cerca del parque nacional Montañas Great Smoky. Los nativo-americanos y los colonos europeos hace mucho sabían sobre la cueva, pero los espeleólogos que exploraron mejor sus profundidades encontraron una enorme cámara de magníficas formaciones. ¡Una de las estalagmitas mide 24 pies de alto!

# CRIATURAS DE LAS CUEVAS

Lo creas o no, hay criaturas que viven en cuevas. Algunos habitantes de las cuevas viven cerca de la boca de una cueva, principalmente en la "zona de penumbra", donde se filtra parte de la luz del exterior. Estos animales suelen viajar fuera de la cueva para cazar alimento y regresan a la cueva a buscar refugio y protección de los predadores. Otras criaturas de la cueva viven muy por debajo de la superficie, donde no hay nada de luz, y nunca salen. Hace mucho, los ancestros de estos animales vagaron dentro de la cueva y allí permanecieron. Durante miles de años, sus descendientes han cambiado para poder vivir en un mundo sin luz. Suelen ser ciegos porque no necesitan ver. ¡Algunos de ellos ya ni tienen ojos! También son incoloros porque no necesitan confundirse con su entorno para engañar a los predadores.

**GRILLO DE LAS CUEVAS** Los grillos de las cuevas tienen poderosas patas traseras y antenas largas. Algunos son verdaderos habitantes de las cuevas, sin ojos o color, pero la mayoría de ellos salen de la cueva para buscar alimento. Comen casi cualquier cosa, siempre y cuando les guste su aroma y puedan masticarlo.

**MURCIÉLAGO GRIS** Cuando piensas en criaturas de la cueva, probablemente te vengan a la mente los murciélagos. Muchos tipos de murciélagos se posan en las cuevas durante el día y salen volando de sus cuevas cada anochecer para cazar. ¡Una colonia de murciélagos promedio tiene hasta 25,000 miembros! Los murciélagos comen insectos como los mosquitos y evitan que estos abunden.

**CANGREJO DE LAS CUEVAS** Estos cangrejos incoloros sin ojos viven en pozos profundos y arroyos de cuevas donde nunca hay luz. Se alimentan de pequeños trozos de hojas que llegan a la cueva desde la superficie. Como los arroyos subterráneos les traen alimento, los cangrejos de las cuevas pueden morir de hambre cuando una sequía seca el suministro de agua.

**SALAMANDRAS DE LAS CUEVAS** Muchos tipos de salamandras viven en las cuevas. Esta vive en la "zona de penumbra" y se aventura fuera de la cueva de noche para cazar su alimento. Tiene una lengua larga que dispara para capturar presas como insectos, lombrices e incluso salamandras más pequeñas.

**Compruébalo** ¿Cómo se formaron las cuevas dentro y en los alrededores de las Montañas Great Smoky?

## Comenta

1. ¿Qué ideas crees que conectan los cuatro artículos que leíste en este libro? Explícalo.

2. ¿Qué parada en el paseo por la fauna de las montañas Great Smoky te gustaría más visitar en persona? ¿Por qué?

3. ¿Cómo se compara un héroe estadounidense como Davy Crockett con los superhéroes de las películas? ¿En qué se parecen y se diferencian?

4. ¿En qué se diferencian las cuevas bajo las montañas Great Smoky del terreno que está sobre ellas? ¿En qué se parecen?

5. ¿Qué más te gustaría saber sobre el parque nacional Montañas Great Smoky? ¿Cómo puedes aprender más?